ENTRÉE

DE

FRANÇOIS Ier

A ROMANS

EN M·D·XXXIII

Relation du temps, annotée par

M. ÉMILE GIRAUD.

VALENCE

IMPRIMERIE DE CHENEVIER & CHAVET.

M.DCCC.LXXIII.

époque, qui font fi différents des nôtres. J'y ai joint quelques notes rares & courtes pour expliquer les mots qui, en raifon de leur vétufté, ne font plus compréhenfibles.

Je terminerai ce travail par la defcription d'une médaille que je poſsède, & que les Romanais ont fait frapper à l'occafion du paſsage du roi François Ier dans leur ville en 1533.

POVR *les nouvelles entrées du Roy Daulphin, Messeigneurs ses enfants & de Monseigneur le Gouverneur du Daulphiné en la ville de Romans, le mois de novembre 1533* [1].

COMMIS pour faire les préparatives pour la venue du Roy, la Reyne & autres Prinses, comme s'en suit, le mois de novembre 1533 :

Pour faire provision de bois, vignes, lattes, buys & cordages pour faire les tentes, ont été commis Jehan Romey & Guillaume Forez.

Pour garnir lesdicts boys & faire les *tendes* ou *archets* [2], ont été commis Guillaume Rolland & Jacques Lhoste, cappitaines.

Pour garnir depuis le pont en la Pescherie jusques en la Grant-Place, cappitaine Guillaume Conton.

Plus, pour garnir la Grant-Place jusques à la Petite-Place, cappitaine Romanet Boffin [3].

Pour garnir la Petite-Place, Bernardin & Guillaume Guigou frères.

---

(1) Archives départementales de la Drôme, III, 33.

(2) Arcs de triomphe.

(3) Probablement le fondateur du Calvaire.

Pour faire faire les eſchaffaulx néceſſaires, ſont commis Pierre Troyaſſier, dit Guigard, & Pierre Bochard.

Pour faire le château en la Grant-Place, ſont commis Pierre Barletier & François du Buys.

Pour faire tapiſſer, cappitaines Jehan Mornet, Berthomieu, Haſtier & les Pacquien.

Pour faire tendre deſſus la *Charrière*[1], depuis la Petite-Place juſques à la maiſon de Monſieur le Doyen, cappitaine Jehan Gontier & ſes deux fils.

Pour *l'artilherie*[2], Jehan & Philippe Granger & Claude Leigre.

Pour faire faire trois baſtons, qui ſeront couverts de veloux de coleur, pour préſenter les clefs au Roy & autres Seigneurs, commis Thomas Prudhomme.

Pour apprendre les jeux & yſtoires[3], Monſieur maîſtre Roux & maîſtre Adam[4].

Pour maîſtre des cérémonyes, Anthoine de Maniſſieu & Pierre Bourguignon.

Pour faire commandement aux bolangiers qui cuiſent pain, ſera commis Jehan *Vienneſis* (Viennois).

Pour faire les *carmes*[5] & faire faire les eſcripteaux, a été commis maître Adam.

Pour viſiter les maiſons, Anthoine Mornet & François Chonet.

Pour faire fournir avoines, Félix & François Vache.

Pour faire charrier le ſable aux pavés & lieux néceſſaires, le conſul (des laboureurs), Jehan Bautier, Guillaume Chalhieu & Pierre Colin.

---

(1) La rue.

(2) Les boîtes tirées en ſigne de réjouiſſance.

(3) Hiſtoires.

(4) C'était, comme on le verra plus loin, le régent des écoles de la ville.

(5) Les vers, *carmina*.

Pour faire fourniture de boys de chauffage, Jehan de Serre & Le Roux-Poignard.

Pour faire munition de pailhes, Jehan Loubat, Jehan Mailhet & Jehan Gandilhon.

Pour faire les *arangues*[1] au Roy & Monfeigneur le Gouverneur, eft commis Monfieur le juge Thomé; à la Reyne, Monfieur le juge Chappuys; à Monfeigneur le Daulphin, Monfieur M° Roux, médecin.

Pour accompagner les fommeliers du Roy & autres, Le Merlat & Sébaftien Chaptal.

Le *Mercredi XIX de novembre* 1533.

Pour porter le pailly[2] du Roy, Monfieur le juge Veilheu, Monfieur le juge Chappuys, Anthoine de Maniffieu, Monfieur de La Paffa.

Pour le pailly de la Reyne, Monfieur Charles Veilheu, Monfieur Thomas Tardivon, vn des confuls, fieur Anthoine de Maniffieu.

Pour Monfeigneur le Daulphin, Meffieurs les confuls, Monfieur Thomé, Monfieur Veilheu, Monfieur Odoard & Monfieur de Maniffieu.

Pour Monfeigneur le Gouverneur, Guillaume Forès, Guillaume Conton, Félix Vache & François Chonet.

MONSEIGNEVR le Daulphin entra en la ville de Romans le jeudy XX de novembre 1533, à dix heures du matin, & lediÆ jour, après-difner, environ IIIJ heures, le Roy, notre Seigneur, fit fon entrée en ladiÆe ville, & des-

---

(1) Les harangues.
(2) Dais, pavillon.

partirent de ladicte ville le **XXIJ** dudict mois & allant courre la faulvagine [1], difnèrent à Montmira [2] & couchèrent à Saint-Anthoine.

———

A l'entrée de Monfeigneur le Daulphin a été advifé faire fur le pont, à l'enurée du portal, vne hiftoyre en perfonnages, en laquelle y aura vn homme qui fera nommé *Appollo*, tenant vne fphère, lequel, en regardant ladicte fphère, pronoftiquera Monfeigneur le Daulphin furmonter & mettre à fa fubjection *Afie, Affrique & Europpe*, qui, fuivant ladicte pronoftication, commandera auxdictes trois parties du monde, & elles feront femblant d'obéiffance ; & ont été pour ce faire eflues la femme de Jacques Conton, la femme de Guillaume Pateru & la fille de Lenglenfière, qui diront ce que s'en fuit.

Et feront habillés, *Appollo*, étant droit fur vne celle à trois pieds couverte de vayr [3], fes jambes couvertes de brodequins de marroquin rouge, & devant lui depuis le col jufques au-deffous des genoux y aura vne courtine de taffetas afferme comme vng *oratoire*? la tête nue, couronnée de lauriers, & tiendra en fa main vne fphère & portera audeffus de lui vng manteau de taffetas bleu, femé d'eftoiles.

Afie fera la femme de Jacques Conton, & au lieu d'elle, la Margot Jacotine, acouftrée en Turquoife.

Affrique, la Jehanne Pateru fera acouftrée à la Spagnole (Efpagnole).

Europpe, Lenglenfière fera habillée à la Françoyfe.

———

(1) Probablement allant à la chaffe aux bêtes fauvages, renards ou fangliere.

(2) A Montmirail.

(3) Fourrure blanche & grife.

APPOLLO, REGARDANT SON SPHÈRE.

Or, est Vulcar sans feu, fouldre & fumière[1];
Mars est perdu; l'obscur a prins lumière;
Le fiel amer est changé en doulceur;
Le cueur craintif est de tout danger seur[2],
Puisque Titan en ce pays arrive,
Qui d'avec nous toute tristesse prive.
Ie dis Titan, car c'est le vrai soleil
Du Daulphiné, voire le non-pareil
De tous les hommes qui furent ne seront.
Car tous pour vray à lui obéiront,
Asie, Europpe, aussi fera l'Affricque,
Ou par amour ou par force bellicque.
Donc toutes trois faites-lui révérence
Et lui prêtez foi & hobéissance.

ASIE.

Tant que le monde ci-après durera,
A lui sans autre l'Asie obeyra.

EUROPPE.

Si fera bien aussi semblablement
Toute l'Europpe perpétuellement

AFFRICQUE.

L'Affricque aussi humblement lui présente
Tous corps & biens, comme pauvre servante.

---

(1) Fumée.
(2) Sûr.

Chacune fera audiৎ adolefcent grant révérence, après avoir achevé fon dire, & vne aultre audit Monfeigneur le Daulphin.

Pour ladiৎe entrée de Monfeigneur le Daulphin fera faiৎe vne autre hiftoyre d'vne aulte tour dedans laquelle y aura des enfants habillés en Moures[1]; & au dehors en aura des autres qui affaliront ladiৎe tour & la prendront à force d'efchelles & pierres fainৎes faites de pierre cuiৎe.

Et de ce ont la charge Pierre Barletier, Aymar Cloৎ, François Dubuys & l'hofte des Trois Roys, avecques les efcripteaux qui s'en fuivent. *(Ces écriteaux n'ont pas été rapportés, & il fe trouve ici un blanc confidérable dans le manufcrit.)*

Pour la tierce hiftoyre à Monfeigneur le Daulphin, il y aura trois *feyes*[2], defquelles la première fe nommera *Mentho,* la feconde *Églé,* la tierce *Ocyroe.*

Mentho fera la femme de François Merlin; *Églé* fera la femme de Anthoine Bernard; *Ocyroe,* la femme de Nicolas Cloৎ, qui feront habillées en bergères & chapeaux de pervenche, & tiendront en leur main, la première, vne branche de laurier, la feconde, vne palme, la tierce, vn rameau d'olivier, & diront comme s'en fuit. *(Le difcours des fées n'a pas été reproduit. — Un blanc confidérable dans le manufcrit.)*

---

(1) Maures.

(2) Fées.

Pour le Roy.

LES perſonnages qui ſont ordonnés à l'entrée du Roy ſur le pont, ſont : *Remus?* que fera sʳ Jacques Merlin ; la Monier, fille de Symonet, pour Romans.

La ſeconde hiſtoyre : l'*Eſgliſe*, la Jehanne Félippote ; *Nobleſſe*, Jehan Gontier ou Jehan Mornet ; *Marchandiſe*, la Clauda Deluſſe ; *Labeur*, Berthomieu Haſtier.

Lediᵗ ſeigneur entra à Romans le XXᵉ de novembre 1533, après diſner, environ quatre heures, & deſpartit de ladiᵗe ville pour aller à Montmira [1] diſner & de là coucher à Saint-Anthoine, le 22 dudiᵗ mois.

Le **XXIIJ**ᵉ jour dudiᵗ moys entrèrent en la ville Mesdames la Ducheſſe d'Vrbin [2], femme à Monſeigneur d'Orléans, avecques deux filles du Roy, notre Seigneur, & autres Dames conduites par Monſeigneur le Cardinal de Tournon, Monſieur de Greygnan [3], Chevalier d'honneur deſdiᵗes Dames ; & le lendemain (24) deſpartirent ſuivant le Roy.

------

(1) Montmirail.
(2) Catherine de Médicis.
(3) De Grignan.

Pour la Reyne.

Première hiſtoyre :

Svr le pont, trois femmes comme Sibilles : la première, la fille de Monſieur Veilheu ; la ſeconde, de Gaſpard Milliard ; la tierce, la fille de Claude Veilheu.

La ſeconde hiſtoyre :

Impius fureur, que ſera Nicolas Pierre ; *Amicitia,* la femme de Gaſpard Coſte ; *Sapiencia,* la femme de Anthoine Gontier.

La tierce hiſtoyre, ſeront femmes, Princeſſes & Reynes : *Sémyramys,* la femme de François Bourguignon ; *Penthaſilea,* la fille de François Jomaron ; *Deiphila,* la Jehanne Contone.

Pour Monſeigneur le Gouverneur.

Svr la porte de Jacquemard, à la première hiſtoyre aura vn eſchaffault auquel aura vne fille ſortant d'vne roſe, qui dira ce que s'en ſuit, & fut faiƈt par la fille de noble Claude Gaſtellet.

Ne plus ne moins que Flora la déeſſe
Faiƈt dalater[1] ſes flours à grant largeſſe,
Lorſque Phébus ſa chaleur lui deſpart,
Et ſes beaulx rays[2] lui montre en toute part

----

(1) Dilater.
(2) Rayons.

Sur le printemps, tout ainſi s'eſpandiſſe
Le cueur du peuple, qui tant ſe réjouiſſe
De ton heureuſe & plaiſante venue,
Qu'il n'y a nul vivant deſſous la nue
Tant ſoit eſprins de ſingulière joye.
Dieu tout-puiſſant te maintienne en voye
De proſpérer en lieſſe & ſanté,
Te ſuppliant, cher Seigneur, humblement
De recevoir mes clés bénignement.

Plus aura vne autre hiſtoyre en Font-Couverte d'vn homme nommé *Daulphiné*, lequel jouera François Delacourt, dict du Buys, & vne fille nommée *Lieſſe*, que jouera Loïſe Mahet, fille de feu maiſtre Denys Mahet & de Marguerite Anglancière, qui ont dict les dictons ci-après environ la fin eſcripts. *(Les rédacteurs n'ont pas rapporté ces dictons.)*

A eſté conclu lui faire préſent (au Gouverneur) de ſix pièces de ſept eſcus, pièce de vin blanc & claret, de ſix boîtes dragées, muſcat, canelat & orangeat, chacune peſant deux livres, couvertes aux armes dudict Seigneur, ypocras blanc & claret, & XII torches & avoine.

Pour faire les tentes [1] pour la venue de Monſeigneur le Gouverneur, ont été commis chefs Jacques Conton, Berthomieu Haſtier, Reymond du Perle, le fils de Brennat, les enfants de Gandilhon, Gaſpard Cellier & autres de la Saulnerie.

Plus ont été commis à tendre la rue allant de la Petite-Place juſqu'à la maiſon de Monſieur le Doyen, pour chefs,

---

(1) Tentures.

Jehan Chonet, François Garagnon, Hector Ramey, & commanderont aux voiſins.

L'on fera faire trois grants eſcus aux armes de Monſeigneur le Gouverneur, pour mettre l'vn au portal, l'autre en Font-Couverte & l'autre à la porte de ſon logis; & feront faicts d'autres eſcus petits aux armes dudict Seigneur, pour mettre au coing des rues. L'on fera deux eſcripteaux, auxquels en l'vn ſera eſcrit : *Daulphiné*, en l'autre *Lieſſe*, en groſſes lettres.

Plus ſera intimé aux commis des eſchaffaulx de faire trois eſchaffaulx pour la venue de Monſeigneur le Gouverneur, l'vng hors la porte de la ville, en Jacquemard, l'autre devant la maiſon de François Gravignon ou environ, le tiers au devant les boticques des notaires, en la Grant-Place, ou là où il ſera adviſé.

Pour l'entrée de Monſeigneur le Chancelier Léguat en France (le Cardinal Duprat).

LE XXIIJ^e jour de novembre 1533, en la maiſon de la ville, préſents Meſſ. Thomé, Chappuys, les Conſuls, Jacques Merlin, Jehan Ramey, Me Roux, Jehan Bouge, Ga. Coſte, Jehan Gandilhon, Anthoine Mornet-le-Vieux, Guillaume Forez, Joſſault, Chaſtain, Jehan Chonet, Étienne Méſonnat.

Faire préſent audict Seigneur ſix torches longues de quatre pieds & demi, ſix boîtes dragées, orangeat, canelat & muſcat, qui ſoient couvertes aux armes dudict Seigneur; ſix pots ypocras, moitié blanc & moitié claret; plus vn tonneau vin blanc & vin claret;

Plus feront faites en vng efcu affez grant aux armes dudict Monfeigneur le Léguat, qui feront plantées au devant
du logis dudict Seigneur.

Fait marché avecques s' Joffaut à V fols VI deniers tour-
nois la livre defdictes torches.

Ledict Monfeigneur le Léguat ne fict point d'entrée ne
paffage en cefte ville, car a prins le chemin droict de Valence à Teint[1], de là à Lyon. *(Blanc confidérable dans le
manufcrit.)*

Ledict jour, XXIIJ° de novembre, s'eft comparu vng
qui fe difoit être fecrétaire de Monfeigneur le Léguat, qui
a requis à Monfieur Chappuys, lieutenant de M' Thomé,
& à Meffieurs les Confuls qu'il eft envoyé en diligence au
Roy, notre Seigneur, & a requis vn cheval de pofte pour
aller en diligence. Meffieurs les Confuls ont fait devoir de
envoyer quérir les bouchers de la ville, qui font venus &
ont dict que leurs bêtes ont tant couru qu'elles font fur
la litière. Par quoi, ledict Monfieur le Lieutenant a faict
derechef commandement auxdicts Confuls de avoir vn
cheval, qui fe font offerts à faire le devoir, fi poffible eft en
trouver, & ont donné en mandement à Jacques Pacquin de
aller par toutes les maifons de ceux qui tiennent chevaulx à
louage qu'ils aient à en bailler.

Et lors, ledict Monfieur le Lieutenant, comme juge de
Pifançon, a donné licence au corrier de cefte ville de aller
faire commandement à ceux du Péage de fornir cheval pour
ladicte affaire.

---

[1] A Tain.

Pour Monseigneur le Gouverneur.

L E XXVe jour de novembre 1533. — Préfents : Meff. Chappuys, La Paffa, Me Adam, les Confuls, Jacques Merlin, Guillaume Forez, Jehan Ramey, Jehan Chonet, Re. Gonet, Jehan du Buys, Pierre Merlin, Monfieur le juge Veilheu, Anthoine Maniffieu, Ja. Lhofte, Jehan Bouge.

Pour ce que Monfieur de Saint-André, maiftre d'hoftel dudict Seigneur, demande, pour le fervice dudict Seigneur, veyffelle d'eftaing, linge de lict & de table, a été advifé qu'il eft trop plus que néceffaire faire fervice à mondict Seigneur auquel il preigne plaifir, & pour ce, on fournira audict Seigneur ce qui lui fera meftier par l'ordonnance de Meffieurs les Maiftres d'ouftels; & ont été commis pour l'emprunt Jacques Lhofte, Nicolas Pierre & Guillaume Milliard, qui prendront des habitants ce qui fera ordonné comme deffus.

Sieur Anthoine de Maniffieu, préfent à la délibération, a prefté deux douzaines de plats d'eftaing.

Pour Monseigneur le Gouverneur.

L E XXVIJ^e jour de novembre 1533. — En la maifon de la ville, préfents : Mr Chappuys, juge, Mr Claude Thomé, Meff. les Confuls, Me Roux, Me Adam, Anthoine Mornet, Jacques Merlin, Pierre Troyaffier, Romanet Boffin, Reymond de La Salle, Guillaume Forès, Joffaut Chaftagnon, Jehan Bouge, Berthomieu, Brunat, Étienne Méfonnat, Pierre Barletier, François Delacourt, Guillaume Chalieu, Pierre Colin, Jehan Gandilhon.

Premièrement a fommé M^r le Juge les Confuls de fournir fable & buys pour garnir depuis la maifon de M^r le Procureur Faifant jufqu'à la Grant-Place, & depuis la maifon de Monfieur de Vienne jufqu'au logis de Monfieur le Doyen, où loge Monfeigneur le Gouverneur.

Ont été commis le Conful des laboureurs, qui a dit qu'il a pourvu quant à la fable (fic).

A efté délibéré faire aucunes joyeuffetés & paffe-temps audiệt Mgr le Gouverneur en fon logis, ainfi que l'ont propofé faire Monfieur le chanoine Borrel & aulcuns autres avecques lui, que ils fe faffent & que, de ce, la ville les advoue en toute manière honnefte & plaifante.

Lediệt paffe-temps fut faiệt par vne farce jouyée de jour par Meffieurs Borrel, chanoine, Duron de Saint-Pierre, curé de Saint-Barnard, François du Buys, Eynard Ducloệt, qui eftoient quatre bergers, & Jehanne Jacotine, femme de Guillaume Charlet, bergère, habillés tous à neuf & vne manche droiệte à la livrée dudiệt Seigneur, & Jehan Souffrey repréfentant la perfonne de Monfeigneur le Gouverneur. Les Confuls accompagnoient avecques d'autres gens de bien ladiệte bergère avecques abondance de torches, & après fuft rejouyée devant Meffieurs le Préfident & autres Seigneurs du Parlement de Daulphiné.

Pour mondiệt Seigneur le Gouverneur, lediệt jour XXVIJ^e de novembre 1533, au lieu & préfents que deffus (c'eft-à-dire en la maifon de ville).

A efté délibéré faire préfent à Monfeigneur de fix pieffes d'or, ainfi que par avant avoit efté délibéré, enfemble & de pois, pendans à vng maiffier de fer de maiftre Jacques

Baille, notaire, lequel lui fauldra payer, & icelui faire nettoyer & dorer ainſi qu'il appartient, pour y pendre à vng filet d'argent leſdictes ſix pieſſes d'or.

Et deſpuis le XXVIIJ^e dudict mois, a eſté délibéré faire vne autre pieſſe d'or de ſemblable poix pour faire la ſomme de cinquante eſcus, & par ainſi ſeront ſept pieſſes.

Plus, dragées ſix boîtes, c'eſt à ſavoir : deux de muſcat, deux de canelat & deux de orangeat. Plus, ypocras ſix flaſcons, moitié blanc, moitié claret; avoine XX ſeſtiers; torches XIJ ſeſtiers.

———————

Est à noter que le vendredi XXVIIJ dudict mois de novembre dudict an, Monſeigneur François, ſurnommé de Bourbon [1], gouverneur du Daulphiné, fiſt ſon entrée en ceſte ville de Romans, auquel ont eſté faicts les honneurs deſſus & après eſcripts, & ce, pour aſſiſter aux Eſtats-Generaulx dudict Daulphiné qui ont éſté mandés tenir & aſſembler en ceſte dicte ville audict jour, & auquel lieu ſe trouvèrent Monſeigneur l'Évêque de Grenoble & pluſieurs des Barons & Seigneurs dudict Daulphiné, Meſſieurs le Préſident & quatre autres Conſeillers du Parlement dudict pays, & y arreſta juſques au mardi ſecond jour de décembre après en ſuivant, que leſdicts Eſtats furent fixés, & le jour devant, qui fut le premier dudict mois, entra en ladicte ville le corps défunct de feu Monſieur le Duc de Nemours, conte de Geneſve, qui décéda à Marſeille pendant l'aſſemblée faicte entre le Pape & le Roy, notre Seigneur, pour faire ſes funérailles.

———————

(1) **François de Bourbon, comte de Saint-Pol.**

Pour ce que mondict Seigneur le Gouverneur n'a ici fon eftat de maifon & qu'il délibère tenir maifon en fadicte venue, à cefte caufe, ont efté commis Jacques Lhofte, Nicolas Pierre & Guillaume Milliard à emprunter par les maifons particulières de cefte ville veyffelle d'eftaing & linge de table ce que fera demandé par Monfieur de Saint-André, fon maître d'hôtel, qui a demandé lui en eftre pourvû.

LE dernier jour de novembre 1533, en la maifon de la ville, Monfieur le juge Chappuys, Monfieur Thomé, Monfieur Veilheu, Anthoine Mornet, Jacques Merlin, Ramey, François Chonet, Anthoine de Maniffieu, Jehan Chonet, Lapaffa, les Confuls, Jehan Gandilhon, Anthoine Trenat.

Pour la venue de la Reyne, a efté ordonné rabilher ce que fera deffaict fur le pont de feuillage, & parfaire jufques à la *clec*[1] ainfi qu'il eft commencé.

Item, defpuis la *clec* jufques au bout du pont; l'ajanffer[2] de buys fans romarin, & fe prendra le buys & boys & feuille defpuis la porte de Jacquemard jufques pendant fa bas; & font commis à ce faire Guillaume Rolland & Jacques Lhofte pour chiefs, qui prendront gens pour leur aider.

Plus a été ordonné que l'on rabilhera ce que fera deffaict defpuis le pont la Pefcherie jufques à la Grant-Place; commis cappitaine fieur Guillaume Conton. Plus rabilheront cappitaines Pierre & Durand Milliard. Plus feront remifes

---

(1) La *clec*. Je ne fais ce que fignifie ce mot.
(2) L'orner, l'accommoder.

les grans armes dalphinales fur le portail de Guillot. En la Grant-Place pour rabilher ce que fe trouvera deffaict.

Plus en la Petite-Place, pour rabilher, Girault, cappitaine, les clercs de la Court, & les voifins & Girard Bouchard.

Pour rabilher les efchaffaulx des hiftoyres font commis Pierre Troyaffier & le fils de Jehan Leigre; pour tapiffer les efchaffaulx, Nicolas, l'apoticaire, & Barthomieu Haftier; pour l'artilherie, ceux qui ont efté commis à la venue; pour le bafton des clefs, Thomas Prudhomme; pour les jeux & hiftoyres, Monfieur Me Roux & Maiftre Adam, auffi les efcripteaux; pour faire fournir avoines, Félix & François Vache; pour fournir aux foyns, Jehan Chonet; pour faire charrier le fable, Jehan Bautier & Guillaume Chalieu; pour boys de chauffage à la maifon, Jehan de Serre & fon frère; plus de paille, Jehan Mailhet & Jehan Gandilhon; pour accompagner les fommeillers, Sébaftien Chaptal; pour porter le pailly de la Reyne, Monfieur le juge Thomé, s'il y eft, &, en fon abfence, Monfieur Maiftre Roux, Monfieur le juge Veilheu & Pierre & Guillaume Conton.

Plus a efté ordonné, ainfi que premièrement avoit été ordonné, faire préfent à la Reyne de la fomme de cent efcus, qui feront mis en dix pieffes monnoyées aux armes de ladicte Dame & à elle préfentées en vng pié de lys de la haulteur de vne bonne couldée [1].

Et iront au devant ceux qui ont été nommés aller au devant du Roy & de Monfeigneur le Daulphin.

En hiftoyre fur le pont, il y a trois filles, l'vne *Proba*, que joue la fille de Monfieur Veilheu; la feconde *Sapho*, la fille de Gafpard Milliard; la tierce *Thameftris*, la fille de feu Claude Vallin.

Prothocole, Monfieur Maiftre Adam.

---

(1) Coudée.

La feconde hiftoyre auprès de la boticque du Noble, où fera *Furor impius*, que joue Nicolas Pierre; *Amicicia*, la femme de Jehan Gontier; *Sapiencia*, la femme d'Anthoine Gontier.

Prothocole, Claude Jomaron.

La tierce hiftoyre fur la boticque de Gafpard fera *Sémyramys*, la fille de dame Françoife Bourguignon; *Penthafillée*, la fille de feu Mr Jomaron, & *Déiphile*, la Jehanne Conton [1].

LE premier jour du mois de décembre 1533, en la maifon de la ville, ont efté affemblés M^r le juge Chappuys, Mr Thomé, Me Roux, Me Adam, les Confuls, Jehan Loyron, André Darnaud, Jehan Beautier, Anthoine Mornet, Jacques Merlin, Guillaume Forez, Jehan Romey.

A efté délibéré de n'aller point au devant pour fçavoir des nouvelles de la Reyne, à tout le moins jufqu'à ce que ladicte Dame foit à Valence, car on en peut avoir toujours nouvelles par les allans & venans.

Plus que les pieffes d'or que la ville donne en préfent à ladicte Dame feront attachées à vng filhet d'argent.

A caufe que Monfieur le Maiftre de Cueur de SainctBernard ont fommé (fic) Maiftre Adam, maiftre des efcolles de cefte ville, par devant Monfeigneur le Préfident & Mes-

---

(1) La Reine, qu'on attendait d'abord avec le Roi, le 20 novembre, ne vint pas alors; il paraît que le 30 on eut avis de fa venue probable, & des ordres font donnés en conféquence pour reprendre tous les apprêts & réparer ou *rabilher* ce qui avait été endommagé; mais ces nouveaux foins furent en pure perte : la Reine, à fon retour de Provence, ne paffa pas à Romans.

feigneurs les Confeillers de la Court du Parlement qui font
en cefte ville pour débattre defdictes efcolles par devant lesdicts Seigneurs, a efté délibéré & conclu que l'on en fuive
la tranfaction qui dit que quand il fortira quelque différent
entre ceulx de l'efglife & ceulx de la ville, que l'on eflife par
chafcune partie deux arbitres qui cognoiffent dudict différent, & que l'on fomme M^r le Maiftre de Cueur à ce faire,
& que demain matin vne réunion de gens de bien aillent
parler à Monfeigneur le Préfident dudict affaire.

Semblablement, le jour dernier efcrit, M^r le juge Chappuys a protefté que s'il y a quelqu'vn des commis qui foit
défailhant en fa commiffion, qu'il procèdera à l'encontre
d'eux par voie de juftice à celle fin que l'on ne le puiffe in-
culper de négligence, en cas que les chofes des dernières
affaires ne fortiffent leur effet par les dénommés.

NOTE

SUR LA MÉDAILLE DE 1533.

J E me fuis procuré cette médaille, il y a environ vingt-cinq ans, à la vente du médailler de M. Fière, de Tournon. Il me parut qu'elle avait été frappée à Romans à l'occafion du paffage de François Ier en cette ville. Le mot *Xeniolum*, qui fignifie petit préfent à un hôte, l'indique; feulement c'eft la première fois &, fans doute, l'unique où le mot *Rhomandifforum* aura fignifié les habitants de Romans : partout ailleurs, & en remontant aux temps les plus reculés, ces habitants font appelés *Romanenfes* ou *Romonenfes* ou plus anciennement encore *Rotmanenfes* ou *Rotomanenfes*. (Voy. pour ce dernier mot le *Cartulaire de Saint-André-le-Bas*.)

Probablement quelque bel efprit du temps, chargé de compofer l'infcription, aura trouvé trop commune la dénomination ufitée & l'aura remplacée par ce mot de *Rhoman-*

difforum de fon invention ; car il n'eft pas poffible de défigner par là une autre ville que celle de Romans. La médaille concerne le pays de Dauphiné ; les dauphins unis aux fleurs de lis le témoignent.

Je n'avais pas alors connaiffance de la pièce que je publie aujourd'hui, du procès-verbal des préparatifs faits par les Romanais pour la réception du Roi, pièce qui difpenfe de toute autre preuve pour conftater officiellement fon paffage ; mais je pouvais l'induire de certaines circonftances rappelées par divers écrivains : ainfi, en 1533, François Ier a vifité l'abbaye de Saint-Antoine (*Mémoire hiftorique fur l'Ordre*, par FALCONET, in-4°; — AYMAR-FALCOZ, *Hift. Antonianæ Compendium*, f° 107).

D'après le marquis d'Aubais (*Pièces fugitives*), François Ier était à Lyon le 7 juin 1533 ; du 7 juin au 4 octobre, il arriva à Marfeille, en traverfant le Velay, le Rouergue, l'Albigeois, le Languedoc & le Comtat. Le 16 feptembre, le comte de Saint-Pol, gouverneur de Dauphiné, écrit aux confuls de Valence pour les prévenir que le Roi, revenant de Marfeille, fera dans leurs murs vers la fin d'octobre (*Paffage des Rois de France à Valence*, par Jules OLLIVIER), &, d'après Aubais, François Ier était à Dijon le 5 janvier 1534.

Il eft donc probable que le Roi vint de Valence à Romans, puis à Saint-Antoine, où il fit la vifite citée par Falconet, & c'eft à l'occafion de ce paffage que les habitants firent frapper cette médaille. Je la croyais unique ; cependant, pour m'en affurer, je priai mon favant & fi regretté ami, M. de Terrebaffe, qui était alors à Paris, de vifiter à mon intention le cabinet des médailles & de caufer de la mienne avec M. Charles Lenormant. Voici fa réponfe, du 31 mai 1850 :

« Je fuis allé l'autre jour voir M. Lenormant, au cabinet
» des médailles, pour lui demander des Bofon, des Louis

» l'Aveugle, des Rodolfe; mais, le croiriez-vous? pas un
» feul ne figure dans cette immenfe collection. Il m'eft venu
» à l'idée, pour ne pas paraître abforbé par les Bourgui-
» gnons, de parler de votre pièce des *Rhomandifforum ;*
» & je vous dirai qu'il en exifte deux variétés au cabinet de
» la Bibliothèque ; l'une pareille à la vôtre, quoique moins
» belle, à mon avis, l'autre avec un écuffon d'armoiries
» plus chargées & plus compliquées. J'allais prendre la
» plume pour relever ces différences & vous les fignaler,
» lorfque **M.** Duchalais m'a dit que ces médailles fe trou-
» vaient décrites & reproduites dans le *Tréfor de numis-*
» *matique & de glyptique,* publié en 1836 par **M.** Lenor-
» mant, chez fon homonyme de la rue de Seine. Les voici :

MÉDAILLES FRANÇAISES.

(Page 7, planche IX.)

« **N.º 1.** — DIVO FRANCISCO GALLIARVM REGI. *Au divin*
» *Francois Roi des Gaules.* Un écuffon écartelé de France
» & de Dauphiné furmonté d'une couronne ouverte.

» Revers : RHOMANDISSORVM XENIOLVM. 1533. *Préfent*
» *des habitants de Romans* 1533. Une falamandre dans les
» flammes, au-deffus, une couronne ouverte. (Argent.) La
» légende de ce revers fait fuite à celle du droit.

» **N.º 2.** — FRANCISCO DELPHINO VIENNENSI, BRITANNIÆ
» DUCI. *A François dauphin de Viennois, duc de Bre-*
» *tagne.* Un écuffon écartelé, contre-écartelé aux premiers
» & quatrièmes quartiers de France & du Dauphiné de
» Viennois ; aux deuxièmes & troifièmes quartiers de
» France & de Bretagne; au-deffus, une couronne ou-
» verte.

» Revers : RHOMANDISSORVM XENIOLVM 1533. *Préfent*
» *des habitants de Romans.* Un dauphin placé au milieu

» d'une roface; au-deſſus, une fleur de lis. (Argent.) La
» légende de ce revers fait ſuite à celle du droit. »

D'après cette lettre, il y a à la Bibliothèque nationale
deux variétés de cette médaille. La ſeconde, que je n'ai pas,
a été frappée en l'honneur du dauphin François, qui mou-
rut trois ans après à Tournon, & qui en 1533 accom-
pagnait ſon père. En 1532, il fut ſolennellement couronné
duc de Bretagne à Rennes, à la charge que les Dauphins ſe
qualifieraient ducs de Bretagne & qu'ils écartèleraient les
armes de France de celles de Bretagne & de Dauphiné (DE
GAYA, *Hiſt. généal. des Dauphins de Viennois,* p. 229).
De Gaya ajoute : « Mais ces deux conventions n'ont pas
» été exécutées. » Les habitants de Romans les avaient
cependant priſes au ſérieux ; témoin leur médaille.

M. Guſtave Vallier, notre habile numiſmate dauphinois,
à qui je m'étais fait un plaiſir de communiquer ma médaille,
a bien voulu me ſignaler une erreur commiſe à ce ſujet par
M. Ch. Lenormant. Dans la deſcription que ce ſavant en
a donnée, il a interprété le ſigle *D.,* placé devant le nom
de *FRANciſco,* par le mot *Divo, au divin François.* M.
Vallier penſe que ce ſigle doit ſe traduire par *Domino.*
Jamais, dit-il, les Rois de France n'ont reçu le titre de
divins ; & il entre dans de longs & intéreſſants détails pour
appuyer cette opinion. Les motifs qu'il fait valoir m'ont
paru concluants, &, malgré l'autorité ſi impoſante dans
ces matières du nom de M. Ch. Lenormant, je n'héſite pas
à me ranger de l'avis de M. Vallier. Il faut donc rectifier
ainſi le commencement de la médaille :

DOMINO FRANCISCO, ETC.
Au Seigneur François, etc.

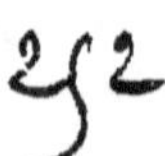